Fuerza Aérea de los Estados Unidos

Julie Murray

www.abdopublishing.com

Published by Abdo Kids, a division of ABDO, PO Box 398166, Minneapolis, Minnesota 55439.

Copyright © 2015 by Abdo Consulting Group, Inc. International copyrights reserved in all countries. No part of this book may be reproduced in any form without written permission from the publisher.

Printed in the United States of America, North Mankato, Minnesota.

072014

092014

Spanish Translators: Maria Reyes-Wrede, Maria Puchol

Photo Credits: Getty Images, Pixabay, Shutterstock, Thinkstock,
© Keith McIntyre p.1, Chris Parypa Photography p.5 / Shutterstock

Production Contributors: Teddy Borth, Jennie Forsberg, Grace Hansen

Design Contributors: Candice Keimig, Laura Rask, Dorothy Toth

Library of Congress Control Number: 2014938909

Cataloging-in-Publication Data

Murray, Julie.

[United States Air Force. Spanish]

Fuerza Aérea de los Estados Unidos / Julie Murray.

   p. cm. -- (Fuerzas Armadas de los Estados Unidos)

ISBN 978-1-62970-387-9 (lib. bdg.)

Includes bibliographical references and index.

1. United States Air Force--Juvenile literature. 2. Spanish language materials—Juvenile literature. I. Title.

358.400973--dc23

2014938909

Contenido

Fuerza Aérea de
los Estados Unidos 4

Trabajos 6

Aviones 14

"Apuntar alto...
volar-luchar-ganar" 20

Más datos 22

Glosario 23

Índice 24

Código Abdo Kids 24

Fuerza Aérea de los Estados Unidos

La Fuerza Aérea es una rama de las **Fuerzas Armadas** de los Estados Unidos. Tienen aviones para proteger a los Estados Unidos.

Trabajos

Todos los hombres y mujeres de la Fuerza Aérea se llaman **aviadores**.

Algunos se entrenan para ser **oficiales**. Sólo los oficiales pueden volar los aviones.

También hay otros trabajos en la Fuerza Aérea. Los mecánicos se aseguran de que los aviones estén listos para volar.

Los señaleros guían a los aviones. Los doctores y enfermeros cuidan la salud de los **aviadores**.

12

Aviones

En la Fuerza Aérea hay diferentes tipos de aviones. Tienen aviones bombarderos.

Tienen aviones de combate.

También usan helicópteros.

En la Fuerza Aérea también hay aviones **drones**. Los manejan a control remoto.

"Apuntar alto… volar-luchar-ganar"

¡La Fuerza Aérea se encarga diariamente de la seguridad de la gente de los Estados Unidos!

Más datos

- Dos presidentes de los Estados Unidos, Ronald Reagan y George W. Bush, formaron parte de la Fuerza Aérea.

- La Fuerza Aérea tiene aviones a reacción que ayudan a las tropas terrestres.

- La Fuerza Aérea no sólo sirve a las Fuerzas Armadas de los Estados Unidos. También reparte provisiones a quien lo necesite. Al usar aviones, las provisiones llegan más rápido.

Glosario

aviador – persona alistada en la Fuerza Aérea.

drones – aeronaves que se manejan a control remoto.

fuerzas armadas – fuerza militar (tierra), naval (mar) y aérea (aire). Protegen y sirven a la nación.

oficial – persona con una posición de autoridad.

Índice

aviadores 6, 12

avión 4, 8, 10, 14, 16, 18

bombardero 14

combate 16

doctor 12

drone 18

enfermero 12

helicóptero 16

mecánico 10

oficial 8

responsabilidades 4, 20

señalero 12

trabajos 6, 8, 10, 12

abdokids.com

¡Usa este código para entrar a abdokids.com y tener acceso a juegos, arte, videos y mucho más!

Código Abdo Kids:
UUK0939